历史真好玩

遇见古埃及人

（英）詹姆斯·戴维斯（James Davies）/文图

李科/译 贾平平/译审

化学工业出版社

·北京·

图书在版编目（CIP）数据

遇见古埃及人 /（英）詹姆斯·戴维斯（James Davies）文图；李科译 . —北京：化学工业出版社，2020.1（2025.6 重印）

（历史真好玩）

书名原文：Meet the Ancient Egyptians

ISBN 978-7-122-35732-8

Ⅰ . ①遇… Ⅱ . ①詹… ②李… Ⅲ . ①埃及—古代史—儿童读物 Ⅳ . ① K411.209

中国版本图书馆 CIP 数据核字 (2019) 第 252653 号

Meet the Ancient Egyptians

Text and Illustration copyright © 2018 by James Davies

Design copyright © 2018 by Big Picture Press

First published in the UK in 2018 by Big Picture Press,

An imprint of Bonnier Books UK

The Plaza, 535 King's Road, London, SW10 0SZ

Designed by Helen Chapman

Edited by Joanna McInerney

Consultant: Rupert Matthews

北京市版权局著作权合同登记号：01-2018-8922

出 品 人：李岩松	责任编辑：笪许燕　汪元元
版权编辑：金美英	营销编辑：龚 娟　郑 芳
责任校对：刘 颖	装帧设计：付卫强

出版发行：化学工业出版社（北京市东城区青年湖南街 13 号 邮政编码 100011）

印　　装：盛大（天津）印刷有限公司

889mm×1194mm 1/20 印张 4 字数 50 千字 2025 年 6 月北京第 1 版第 9 次印刷

购书咨询：010-64518888　　售后服务：010-64518899

网　　址：http://www.cip.com.cn

凡购买本书，如有缺损质量问题，本社销售中心负责调换。

定　　价：40.00 元

目 录

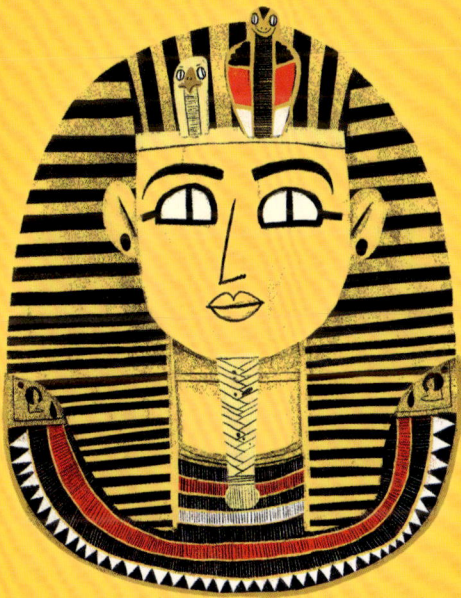

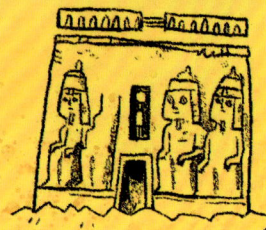

拉美西斯二世神庙

门农巨像

沙漠

尼罗河

帝王谷

古埃及
非洲

卢克索神庙

古埃及在哪儿

西部沙漠

金字塔和斯芬克斯像

孟斐斯

吉萨

地中海

开罗

红海

3

古埃及是世界历史上最伟大的文明古国之一。从公元前3200年到公元前30年，古埃及一共存在了3000多年！

很久以前，有一群人来到尼罗河边并住了下来，古埃及的历史由此开始。在很长一段时间里，古埃及同时存在两个王国。大约在公元前3200年时，南方王国在国王的带领下打败了北方王国，统一了古埃及。这位国王的名字叫美尼斯。我们对他的了解并不多，只知道他建造了古埃及的首都孟斐斯，可是后来他却被一头河马咬死了！

啊啊啊！！！

我们应该感谢古埃及人，因为……

他们发明了历法、牙膏……对了，还有木乃伊！

我们现在看到的一些建筑物、电影和艺术品，都是从古埃及人那里得到的灵感。下面就让我们看一看古埃及到底是什么样的……

古埃及是一个炎热、干旱的国家，几乎到处都是沙漠，也很少下雨。尼罗河从这个国家流过，在两岸形成了肥沃的土地。幸亏有了这条河，古埃及人才得以生存下来。直到现在，大多数的埃及人依然生活在尼罗河两岸地区。它也是目前世界上最长的河流。

　　每到夏天，尼罗河就会发洪水，留下厚厚的泥沙，这些泥沙非常适合种植庄稼、制造土坯砖，还能养牛。尼罗河里有大量的鱼可以捕捞，而河边的纸莎草则可以制作莎草纸，用来写字。

国王过着奢侈的生活，但大多数的古埃及人都很贫穷，尽管工作几乎都是他们做的。他们被称为农民。农民每年都要工作很多天，却得不到一分钱报酬，听起来是不是很可怜？

农民只能靠种地维生。虽然古埃及人在世界上最早使用牛耕地，但种地仍然是个苦差事，累得人腰酸背疼。

我要晒化了！

也有一些农民会到贵族家做仆人，或者成为工匠、艺术家。
如果他们足够聪明的话，生活会相对舒服一点！

古埃及人非常重视家庭。男人很年轻就会结婚，可以娶好几个妻子。女人负责照顾孩子、操持家务。孩子被看成是神赐予的礼物，所以他们可以很任性，甚至为所欲为。

不要再这样了！我是说……好可爱啊！

如果家里有足够的钱，男孩会被送到学校读书，学习书写和算术。可是很少有男孩去上学，因为他们通常会跟爸爸学做生意。

女孩没机会上学，只能跟妈妈学做家务。

男人和女人都喜欢戴假发、穿长袍、抹化妆品。人们还会用煤灰和矿石做的化妆品来治疗眼睛疾病和辟邪。

这个假发适合我吗？

有钱的男人和女人会戴用羊毛或人的头发做的假发。这不仅使他们看起来很时尚，还能保护他们免受日光伤害。

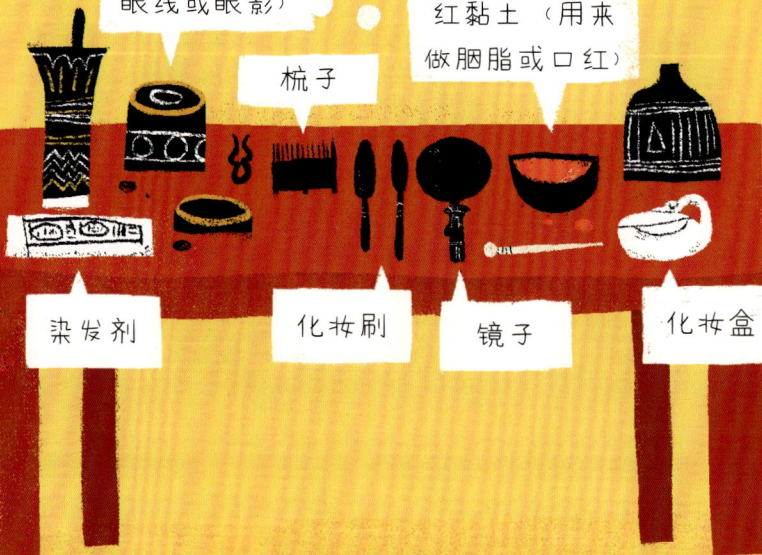

灰粉（用来画眼线或眼影）

梳子

红黏土（用来做胭脂或口红）

染发剂

化妆刷

镜子

化妆盒

因为天气炎热，古埃及人的衣服都非常简单轻便，就像这样：

男女都会佩戴首饰，
既有样式简单的串珠项
链，又有精美的金头饰。

女人穿的是用
亚麻（一种植物）
做的长裙。

男人穿的
短裙叫"胯裙"。

每个人都穿着
时髦的凉鞋。

如果觉得衣服款式单调，人们会在上面点缀一些饰品，或者给衣服
染色，还会穿棕榈叶凉鞋进行搭配。

古埃及人是最早记载历史的人之一。专门的记录员，又叫"抄写员"，会在石头和莎草纸上记录法老的故事，还有战争、神话和祷文。我们今天能如此了解古埃及，全靠这些记载！他们用一种著名的文字——象形文字进行记录。象形文字是图片和符号（又称字符）的结合。请看这个例子：

这个句子的意思是：我想找妈妈！

我们之所以能够解读象形文字，还要感谢罗塞塔石碑的发现。这个巨大的石碑是用象形文字和希腊文两种文字雕刻的。通过翻译希腊文，学者们就能够解开象形文字的奥秘，并读懂其他古埃及的文字记载。简直太酷了！今天，我们还能看到罗塞塔石碑，它就陈列在英国伦敦的大英博物馆里。

典型的古埃及人家的房屋是这样的：

在地上挖一个洞，
用来储藏食物。

房子里有门厅、客厅、卧室和厨房。
家具很少，跟我们现在的家可不一样！

房顶是平的。天热的时候，
人们可以在上面吃饭和睡觉。

有钱人的床会更舒适一
些，他们会用床垫，但是大
多数穷人都只是在床上铺一
个小毯子或一些干草。

厕所也是在地上挖一
个洞，不过会在洞口放一
把木头椅子。

这样看起来就
高档多了！

唉！睡了一晚，
浑身痒痒！

古埃及人的食物和我们今天吃的可不一样。没有比萨，也没有巧克力。那他们吃什么呢？所有的食物都是他们自己种植并做出来的，包括水果、蔬菜和面包。有钱人能吃到肉，猎物都是他们自己或仆人打的。那时候可没有超市！

酒

甜瓜

石榴

牛头

不了。谢谢哦。

好吃，好吃，萝卜酱最好吃！

牛心

葡萄

洋葱

啤酒

棕榈果

鱼

古埃及人最喜欢喝什么？啤酒！他们每天都喝。古代人可不太懂什么是养生。

我最爱吃鱼啦！

古埃及人喜欢动物，并把一些动物当作宠物来养。他们认为动物是神灵的化身，所以他们会想办法哄动物开心。像现在一样，猫和狗是最受欢迎的宠物，但是古埃及人也养鸟、小羚羊、狒狒，甚至鳄鱼。

给你点好吃的！

人们还会训练一些动物干活。警察会训练猴子来帮他们抓犯人，可是那些猴子太不靠谱了，一两片面包就能成功贿赂它们。

抓住那只大鹅！

法老统治着古埃及，相当于国王。他还是首席神父，自称是神，真是个大忙人。好在他的身边有一群官员和仆人帮忙出主意。法老做任何事都要公开，包括洗手。如果法老打喷嚏，会被认为是不祥的征兆。所以，千万要把胡椒藏好！

阿嚏！

哦，糟了……

女性的力量！

王后

每个法老都有一名王后，帮助法老一起管理国家。王后还要生小孩，如果生的是男孩，他就要继承王位。有些王后很厉害，她们自己成了这个国家的管理者。在古埃及的170名法老里面，有7位是女性。

左赛尔

（公元前 2668 — 公元前 2649 年在位）

左赛尔建造了第一座金字塔，但是这座金字塔建得不太好。

胡夫

（公元前 2589 — 公元前 2566 年在位）

胡夫的金字塔建得更好一些，叫吉萨大金字塔，他就葬在里面。

埃赫那吞

（公元前 1379 — 公元前 1362 年在位）

埃赫那吞是埃及最强盛时期的法老。他只允许国民供奉一个神——阿吞神，也就是太阳神。

奈费尔提蒂

（公元前 1353 — 公元前 1336 年在位）

奈费尔提蒂是埃赫那吞的妻子，但是她同样拥有至高无上的权力。她还是美貌的象征。

哈特谢普苏特

（公元前 1498 - 公元前 1483 年在位）

她是一名王后，替她未成年的儿子治理古埃及。为了让自己看起来更有智慧，她戴了假胡须。

图坦卡蒙

（公元前 1332 - 公元前 1323 年在位）

图坦卡蒙在 9 岁的时候就成了法老。你能想象一个 9 岁的孩子如何治理一个国家吗？

写作业？我可是法老！

拉美西斯二世

（公元前 1279 - 公元前 1213 年在位）

拉美西斯二世比其他法老建的神庙都要多，而且所有的神都要刻成他的模样。多么自恋的一个国王啊！

克里奥帕特拉

（公元前 51 - 公元前 30 年在位）

这位著名的法老利用自己的美色和权力来获得她想要的一切。她杀了想要争夺王位的弟弟。

等等，再说一遍！我需要做什么？

宰相

虽然法老是埃及的统治者，但在他身后有一个庞大的智囊团，团队领导者叫宰相。宰相是法老的特别顾问，他要保证这个国家所有的官员都尽职尽责。

我们可以通过法老标志性的配饰来识别他们。在法老的石棺或画像上，你可以看到这些配饰：

眼镜蛇和秃鹰

它们是法老的保护者。你会选什么动物来保护你呢？

王冠或奈姆斯王巾

它们象征着权力。图坦卡蒙和斯芬克斯都佩戴这种有条纹图案的王巾（也叫奈姆斯王巾）。

胡须

大多数的古埃及人都要剃掉胡须，人们认为只有神圣的神灵是留有胡须的。为了证明自己是活着的神灵，法老们会戴假胡须。即使是女法老也会佩戴假胡须！

弯钩曲杖

连枷

弯钩曲杖和连枷

这两件东西有什么用呢？有时候，法老会把它们交叉放在胸前。弯钩曲杖象征着王权，而连枷象征着肥沃的土地。

很多宗教只崇拜一种神，而古埃及人崇拜多个神。在这个国家的每个地方，都有自己的神。这些神要么是动物的化身，要么长着人的身体和动物的头。

荷鲁斯
（复仇之神）

索贝克
（力量之神）

托特
（智慧之神）

哈索尔
（爱神）

嗨，帅哥！

赛特
（沙漠和风暴之神）

库努姆
（水神）

古埃及人认为这些神分别掌控着生活中的各个方面，因此不能触怒他们。如果神灵发怒，会给人们带来疾病、饥荒甚至死亡。

要不要享受一下日光浴？

普塔
（造物神）

拉神
（太阳神）

阿蒙神
（空气之神）

阿努比斯
（墓地守护神）

奥西里斯
（死神）

伊西斯
（生育女神）

古埃及的医生认为，生病是因为邪灵作乱。为了治病，医生会让病人喝一些非常脏的东西，比如加入动物粪便的汤，想利用恶心的气味把邪灵赶走。呕！他们还会用刀子、锤子和钻子做手术，天哪！

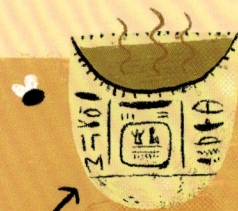

鸟屎

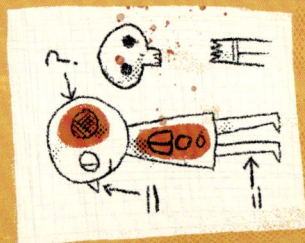

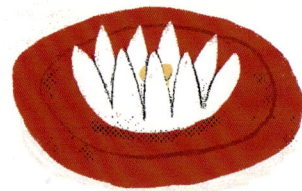

荷花

（用来治疗发烧）

木槌

锯子

护身符

手术刀

钩子

刀

荷鲁斯之眼
护身符

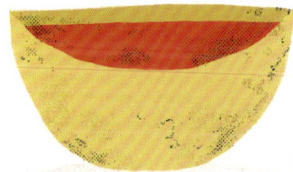

碗（用来收集血液和
内脏。太吓人了！）

祷告牌

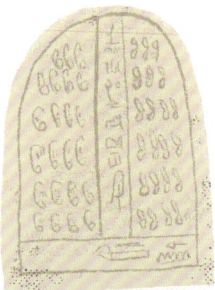

大祭司会和医生合作来治疗疾病。他们会又唱又跳，到处挥舞棍子，把邪灵赶跑。他们还会给病人戴上写着咒语的护身符。

31

神庙是供奉神的地方，只有大祭司可以住在里面。如果法老死了，他的尸体会被放在船上，渡过尼罗河，送进神庙，然后在那里被制成木乃伊。

每天，大祭司都会在神庙里做例行仪式。早上，他们会在神像上涂抹神油、香料和颜料，再给神像穿上衣服。然后，他们会给神供奉食物，让神开心，这样神就会带给国家好运。

古埃及的法老被安葬在金字塔深处。当法老还活着的时候，大批工人就开始建造墓穴了，这样法老们就能保证自己将来会被埋葬在一个豪华的地方。

法老死后70天才举行葬礼。法老的尸体先被运到神庙里举行神圣的仪式，然后再送进金字塔内安息。

不好意思，打扰一下！

喵喵！

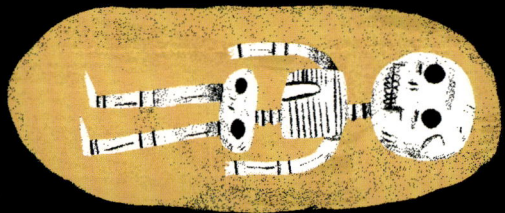

古埃及的穷人死后只是被简单地埋到沙土里，只有富人才有墓穴！

墓室里会有死者和他家人的画像。墓室内还会画一扇假门，让死者的灵魂自由出入。恐怖吧！

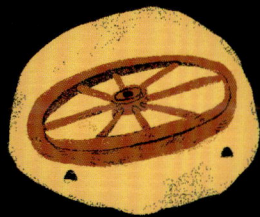

噢！

古埃及人认为死亡并不意味着消失，而是会进入冥界。在那里，人可以永生。为了进入冥界，人们会对尸体进行处理，这个过程叫"木乃伊化"。这是一个漫长的过程，大约要花70天的时间。

古埃及人如何制作木乃伊？

1. 清洁尸体。

2. 涂抹油脂。

法老会和他们最喜欢的宠物及财宝一起安葬。

3. 裹亚麻布。

4. 放辟邪的护身符。

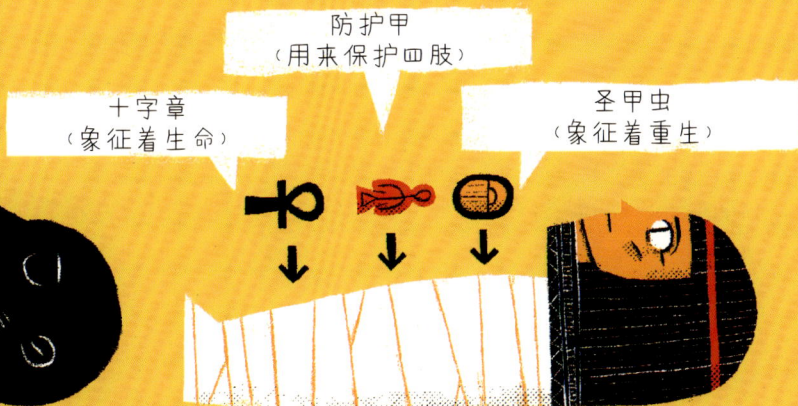

防护甲
（用来保护四肢）

十字章
（象征着生命）

圣甲虫
（象征着重生）

5. 把尸体放入石棺（石头做的棺材）。

被做成木乃伊的不仅有人，还有很多动物。有一些是宠物，但大多数都是祭祀品。

大量的宠物猫被制成木乃伊，猫象征着埃及的战争女神巴斯苔特。

狗也是很常见的宠物，可以帮人们耕种庄稼，也可以当警察的助手。

埃及诸神里有好几个都是狗或豺狗的化身，最著名的就是阿努比斯了，他就是狗头人身。

朱鹭是一种长腿涉水鸟，也常被做成木乃伊。它是智慧之神托特的形象代言人。

因为长相吓人，鳄鱼会被用在战争中吓唬敌人。人人都害怕鳄鱼，所以会让鳄鱼活得舒舒服服的。在它们死后，人们会把它们供奉给索贝克神（力量之神）和拉神（太阳神）。

狒狒是托特的化身，而托特是月神和智慧之神。

被专门挑选出来的阿匹斯神牛会被当作神崇拜。在神牛出生以后，人们会精心照料它，喂它吃最好的食物，让它睡舒适的床。它死后，会像法老一样被制成木乃伊。

古埃及人都相信神话，认为死亡标志着另一段艰难旅程的开始。他们要通过这段旅程，来到另一个世界，开始新的生活。这个新世界被称作冥界。如果想到达冥界，需要带上所有的财宝，这就是为什么有钱人在下葬时要用他们所有的财宝陪葬。

我需要这个……
需要这个……
还需要这个……

这样进入冥界：

1. 灵魂要穿过一片满是魔鬼的陆地，才能到达审判所。

2. 在审判所，需要让42位神灵相信他活着的时候是个好人，从没偷过东西，也没有浪费过食物。

3. 如果所有的神灵都满意，他就过关了。

4. 否则，会有一个叫阿米特的怪物出来对付他，他就无法进入冥界了。

在埃及有 100 多座金字塔，每座金字塔都是法老和统治者们为自己死后建的墓。最大的一座是位于吉萨的大金字塔，公元前 2589 年为国王胡夫修建的。我们不知道埃及人为什么选用金字塔的形状，可能是代表太阳的光线或者通往天堂的台阶。

建金字塔需要花费大量的人力。因此，大约从公元前1525年起，埃及人不再建造金字塔了，而是把法老埋葬在地下的墓穴里。这些墓穴大部分都位于帝王谷，我们已经在那里发现了63座墓穴，但是在其他地方可能还有！如今，金字塔已经成为全世界最受欢迎的旅游景点之一，每年都有几百万人去参观。

真让人恼火！

斯芬克斯像没有鼻子！斯芬克斯像的鼻子不见了，是因为有人认为鼻子是邪恶的，就把它凿掉了。好可怜的家伙！

斯芬克斯像最初还有胡子呢！好酷啊！

斯芬克斯像已经守护了吉萨大金字塔4500年了。这个狮身人面的大家伙是仿照法老胡夫的样子，用石灰岩雕刻而成的，而胡夫就葬在旁边的金字塔里。

斯芬克斯像长约 73 米，高 20 米，脸长约 5 米，是地球上最大的古代雕塑。

没人能确切地知道斯芬克斯像是什么时候建造的，一般认为它是在大约公元前 2500 年按照法老胡夫的样子建成的，负责守护胡夫金字塔。

雕塑上残留的颜料表明，它一开始是用非常漂亮的颜色粉刷的。想象一下，原来的斯芬克斯像是多么光彩照人！

斯芬克斯像一直埋在沙子里，直到 1925 年才被挖掘出来。有些想要保护它的人担心它会受到来自附近城市的污染，因此建议把它重新埋起来！

建造一座金字塔需要花费成千上万人很多年的时间。但是，金字塔到底是如何建成的，至今还是一个谜！流传最广的说法是：人们先建好一个大斜坡，然后用撬车把大石头运到顶部。莎草图纸和金字塔附近遗留的土坯砖斜坡似乎也证明了这一点。

通过隐秘的入口和通道，死去的法老被放置在金字塔内部的墓室里。为了防止里面的宝藏被偷走，工匠建造了一些假的墓室来迷惑盗墓者。

尽管如此，几乎所有著名的金字塔和国王坟墓都被洗劫一空。有些盗墓贼就是当初建造金字塔的工人！虽然通过一些惊人的考古挖掘，我们发现了一些宝藏，但对于法老的陪葬品，我们只能靠想象了！

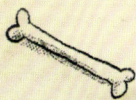

我们对古埃及的一切了解都来自考古学家们的工作。科学家和探险家已经在这片沙漠里挖掘了几百年，他们想要更多地了解古埃及人的生活方式，也希望能够挖到一些黄金。

宝藏！遍地是宝藏！

考古学家

需要帮忙吗？

图坦卡蒙的面具

坚固的黄金面具

用黄金和玻璃制作的眼镜蛇和秃鹰

用黄金和玻璃制作的王巾

用宝石制作的眼睛

用宝石制作的衣领

点缀着水晶的黄金胡须

　　18 世纪，人们在埃及发现了好几百个墓穴，古埃及因此闻名于世。不幸的是，所有墓穴都在多年前被盗挖过了，只留下一些碎片和尸体的残骸。然而，在 1922 年，有了一个惊人的发现。

有一个叫霍华德·卡特的艺术家和探险家，在埃及寻找了很多年却一无所获。直到有一天，他发现了图坦卡蒙的坟墓——这也是迄今为止最著名的、保存最完整的古埃及坟墓。

这座坟墓里有各种不可思议的宝藏：雕塑、装满黄金和珠宝的箱子，当然还有图坦卡蒙的石棺。

但是很快发生了奇怪的事情。卡特的朋友——卡那冯爵士被蚊子咬了一口之后就死掉了，当时的报纸认为，这是坟墓中的诅咒应验了。

今日埃及
死于木乃伊的诅咒！

通缉令
图坦卡蒙国王

谣言

报道还说，这座坟墓一被挖开，卡特养的宠物鸟就被眼镜蛇吃掉了。这条眼镜蛇会不会就是图坦卡蒙的木乃伊？木乃伊的诅咒只是谣言，但是直到今天，仍流传着很多恐怖的木乃伊复活的故事。

木乃伊的复仇

木乃伊的进攻！

其实，这跟我没关系！

虽然被沙漠包围，但古埃及还是经常受到侵犯。在受到来自南方、西方和北方的攻击之后，古埃及组建了一支军队。法老决定掌管这支军队，并经常亲自带领军队战斗。很快，古埃及就占领了周围的很多土地，把领土开拓得越来越大。

举重锻炼

我要举得更多

俯卧撑

士兵们要经常锻炼来保持身体强壮。当他们不需要打仗或训练的时候，他们要去帮着收割粮食、建造宫殿或金字塔。一点都闲不下来！

古埃及士兵

弓箭是士兵们最重要的武器。

弓箭手能够射中 200 米远的目标!

士兵们不穿盔甲,但手持盾牌。

如果距离敌人太近,士兵们会用长矛、斧子和短剑跟敌人战斗。

如果你打败了敌人,你就可以获得你在战场上找到的任何宝贝。有时这是好事,但有时却未必。

公元前 332 年，古希腊马其顿王国的国王亚历山大大帝攻占了古埃及。他扩大了希腊帝国的版图，并成为历史上最著名的军事领袖之一。他在古埃及建立了一个新的都城——亚历山大（猜猜他为什么起这个名字）。古希腊人统治了古埃及 300 年。

亚历山大大帝

亚历山大最喜欢的战马——布塞弗勒斯

噢！我希望这不会给我带来噩梦！

埃及艳后克里奥帕特拉去世之后，古罗马人在公元前30年统治了埃及。随着罗马统治的延续，古埃及人的日常生活方式发生了改变。罗马帝国也传来了一种新的宗教。到了公元4世纪末，大多数古埃及人都信仰了基督教。

公元395年罗马帝国分裂。公元7世纪古埃及被阿拉伯帝国占领，古埃及变成了一个伊斯兰国家，并一直延续到今天。

今天的埃及被称作阿拉伯埃及共和国。除了古代的遗迹，今天的埃及也有一些繁华的大城市，包括首都开罗。几乎所有的埃及人都还生活在尼罗河沿岸，那里还是非常热闹！

4000多年过去了，古埃及仍然让我们着迷。古埃及的历史和遗迹吸引着来自世界各地的游客，大家都想亲眼看一看古代文明留下的那些不可思议的遗产。

公元前 6000 年
人们开始在尼罗河
谷定居。

公元前 5000 年
古埃及人开始在尼罗河
两岸建造城市。

公元前 4500 年
古埃及人开始使用
航船。

公元前 2500 年
建造大金字塔和斯芬克斯像。

公元前 1500 年
在帝王谷修建法老的坟墓。

约公元前 2040 - 公元前 1786 年是中王国时期。
约公元前 1567 - 公元前 1085 年是新王国时期、埃及帝国时期。

公元前 3500 年
开始使用象形文字。

公元前 3000 年
开始建造大型纪念碑
和神庙。

公元前 1323 年
法老图坦卡蒙被安葬
在他那著名的坟墓里。

公元前 332 年
亚历山大大帝占领埃及，
埃及开始由希腊人统治。

公元前 30 年
埃及艳后克里奥帕特拉
去世，罗马人占领埃及。